[PHILOSOPHI]E GRAMMATICALE,

ou

RÉFUTATION

DES PRINCIPALES ERREURS

DES GRAMMAIRIENS;

OUVRAGE COMPOSÉ

D'OBSERVATIONS ANALYTIQUES

SUR LA NATURE, L'EMPLOI ET LA FONCTION DES PARTIES
LES PLUS IMPORTANTES DU DISCOURS,

PAR

L.-N. BESCHERELLE,

DE LA BIBLIOTHÈQUE DU CABINET DU ROI;
PROFESSEUR DE FRANÇAIS, DE LATIN ET D'ITALIEN.

PARIS.

S.-HONORÉ, N° 7.
PALAIS-ROYAL.

REVUE GRAMMATICALE.

REVUE GRAMMATICALE,

OU

RÉFUTATION

DES PRINCIPALES ERREURS

DES GRAMMAIRIENS;

OUVRAGE COMPOSÉ

D'OBSERVATIONS ANALYTIQUES

SUR LA NATURE, L'EMPLOI ET LA FONCTION DES PARTIES

LES PLUS IMPORTANTES DU DISCOURS,

PAR

L. N. BESCHERELLE,

DE LA BIBLIOTHÈQUE DU CABINET DU ROI,

PROFESSEUR DE FRANÇAIS, DE LATIN ET D'ITALIEN.

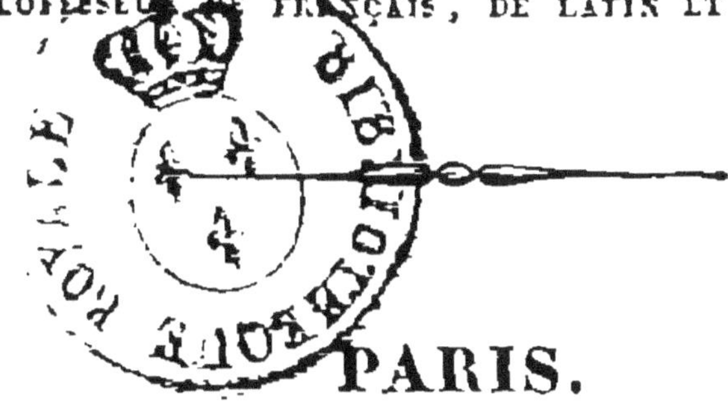

PARIS.

L'AUTEUR, RUE DU Fg.-S.-HONORÉ, Nº 7.

GARNIER, LIBRAIRE, AU PALAIS-ROYAL,

1829.

PRÉFACE.

L'accueil bienveillant que le public a fait à mon *Traité analytique du Participe passé*, accueil auquel j'étais loin de m'attendre, me détermine à publier ce nouvel ouvrage, qui fera sentir, je l'espère, combien il est important de réformer la partie idéologique de la science grammaticale. Je n'ai pas prétendu donner l'inventaire de toutes les erreurs des grammairiens ; c'eut été une trop grande entreprise ; je me suis borné à celles qui m'ont paru les plus graves, et je les ai réfutées le plus succinctement qu'il m'a été possible, afin de ne pas aller au-delà des bornes que je m'étais prescrites. Je crains bien que les principes que j'ai émis dans cet ouvrage ne soient pas, par leur nouveauté, du goût de certaines personnes dont ils heurteront les préjugés ; mais ces principes, pour être nouveaux, n'en sont pas moins vrais ; d'ailleurs ils ont en leur faveur des autorités imposantes, et qu'il serait au moins téméraire de vouloir contester ; ces autorités, je m'empresse de le dire, sont nos vieilles Chroniques ; c'est à ces sources fécondes, jusqu'ici trop négligées, que j'ai cru devoir recourir pour avoir des notions exactes sur la véritable nature de nos mots, et je suis bien convaincu que celui qui n'a pas vécu, pour ainsi dire, de longues années au milieu de ces vieux monuments de notre langue et de notre littérature, ne doit pas se dire grammairien. Comment, en effet, peut-on, si l'on n'a lu Froissard, Villehard'hoin, Rabelais, etc., savoir, par exemple, que *alors*, *parmi*, *quiconque*, *pardieu*, *corbleu*, *oui dà*, *hormis*, *dorénavant*, etc., etc., signifient, le premier, *au tems de lors* : AU TEMS DE LORS *n'avoit oncques eu roi en France* (chroniqué de Saint-Denis); le deuxième, *par le milieu* : *puis passa* PARMI *la forest de la Charbonnière* (idem); le troisième, *qui oncques* [jamais] : QUI ONCQUES FUST (Froissart); le quatrième et le cinquième, *par le corps de Dieu : par ma foy, Domine, si voulez soupper avecques moy*, PAR LE CORPS DIEU; CAR DIEU, *dit le maistre d'hostel* (Rabelais); le sixième *oui déjà* [certes] : *ouy vraiement, ouy*

DEA (idem); le septième, *mis hors : tout le pays eut grand' joie,* HORS MIS *aucuns* (Froissard); le huitième, enfin, *d'or* [de cette heure] *en avant : Parquoi le royaume tut* DE OR EN AVANT *mieux gouverné* (idem). Qui peut, je le demande, se flatter de sentir toute la force de *cependant, rien, très,* etc., s'il n'a lu dans Rabelais : *passeroient toute la journée en joye* CE PENDANT *que ceulx de l'aultre part batailleroyent;* dans la chronique de Saint-Denis : *car il savoit bien que elle ne li avoit pas envoié pour* noient [de l'italien *niente*]; dans Bossuet : *Dieu est le saint d'Israël, le Très-Saint,* TROIS FOIS SAINT; dans Rabelais : *votre courtault vous fault* [manque, fait défaut] *au besoing,* etc. ? Ces connaissances sont cependant de la dernière nécessité pour tout homme quel qu'il soit, et surtout pour un grammairien.

Mais je m'arrête ; je ne veux pas entrer aujourd'hui dans de plus grands détails à cet égard ; j'espère y revenir lorsque je publierai la *Nouvelle Grammaire française* à laquelle je travaille depuis long-tems. Je terminerai donc cette préface en assurant que la vérité seule et le désir de propager les saines doctrines que j'ai puisées à l'école du savant Biagioli, dont je me fais gloire d'être le disciple, sont l'unique objet de mes vœux *. Puissé-je les voir s'accomplir !

* Je me fais un plaisir d'annoncer que ce professeur distingue fait paraître en ce moment une *Grammaire analytique de la langue française ;* cet ouvrage, composé sur un plan tout-à-fait neuf, est indispensable à tous ceux qui désirent se défaire des erreurs, des préjugés, des faux principes, dont ils ont été entachés par l'usage des autres méthodes. J'apprends

avec la plus vive satisfaction que cette-
excellente Grammaire va être adoptée-
dans une des meilleures pensions de de-
moiselles de la capitale.

REVUE

GRAMMATICALE.

OBSERVATIONS

ANALYTIQUES

SUR LES *NOMS COMPOSÉS*.

Presque tous les grammairiens qui ont traité ce sujet commencent par établir pour règle que *tout nom composé doit s'écrire, dans chacune de ses parties, au singulier ou au pluriel, selon que le sens ou la nature des mots partiels exige l'un ou l'autre nombre.* Puis, lorsqu'ils en viennent aux détails, ils donnent des décompositions qui sont évidemment en contradiction avec cette même règle, ce qui ne peut que jeter les élèves dans la plus grande incertitude; c'est ainsi, par exemple, que, suivant eux, des *boute-en-train* sont *des hommes qui* BOUTENT *les autres en train*, des *brise-cou*, des *escaliers où l'on court risque de se briser le cou*, *si l'on n'y prend pas garde*, des *porte-clefs*, *des gens qui* PORTENT *les clefs*, etc., etc. On conviendra que ce sont là plutôt des explications que de véritables décompositions. Il faut toujours, dans ces dernières, respecter l'orthographe de chaque mot, et c'est ce que les grammairiens ne font certainement pas ici en substituant *boutent*, *briser* et *portent*, à *boute*, *brise* et *porte*. Croit-on que l'élève soit plus instruit quand on lui dit, comme MM. Noël et Chapsal, que des *tête-à-tête* sont des *entrevues où l'on est* SEUL *à* SEUL? C'est esquiver la difficulté, ce n'est point la résoudre. Pour faire voir combien il est important que ces sortes de décompositions soient bien faites, je vais analyser ceux des noms composés qui paraissent le plus rebelles à l'analyse.

EXEMPLE.

Un abat-jour.

ANALYSE.

Un (instrument en bois au moyen duquel on) *abat* (le) *jour*.

Ex. Des abat-jour.

An. *Des* (instruments en bois au moyen lesquels on) *abat* (le) *jour*.

Ex. Un boute-en-train.

An. *Un* (homme qui) *boute* (les autres) *en train*.

Ex. Des boute-en-train.

An. *Des* (hommes dont la joie) *boute* (les autres) *en train*.

Ex. Un brise-cou.

An. *Un* (escalier où l'on se) *brise* (le) *cou*.

Ex. Des brise-cou.

An. *Des* (escaliers où l'on se) *brise* (le) *cou*.

Ex. Un casse-noisettes.

An. *Un* (instrument avec lequel on) *casse* (des) *noisettes*.

Ex. Des casse-noisettes.

An. *Des* (instruments avec lesquels on) *casse* (des) *noisettes.*

Ex. Un essuie-mains.

An. *Un* (linge avec lequel on s') *essuie* (les) *mains.*

Ex. Des essuie-mains.

An. *Des* (linges avec lesquels on s') *essuie* (les) *mains.*

Ex. Un tête-à-tête.

An. *Un* (entretien où l'on est) *tête à tête.*

Ex. Des tête-à-tête.

An. *Des* (entretiens où l'on est) *tête à tête.*

Ex. Un va-nu-pieds.

An. *Un* (homme qui) *va nu-pieds.*

Ex. Des va-nu-pieds.

An. *Des* (hommes semblables à celui qui) *va nu-pieds.*

Dans l'analyse des exemples que nous

venons de citer, l'orthographe des mots n'est point altérée, et l'élève, par ce moyen, est à même de se rendre raison du nombre qui est employé dans chacun d'eux.

OBSERVATIONS

ANALYTIQUES

SUR LES *NOMS PERSONNELS.*

I.

EXEMPLES.

Moi, je le croyais aussi avant de vous avoir entendu ; mais vous m'avez fait entièrement revenir de cette opinion.

Toi, tu te trompes beaucoup.

Lui, il nomme chaque chose par son nom.

Nous, nous l'avions toujours pensé.

Vous, vous pouvez vous en passer.

Je ne crois pas que, dans ces phrases,

les noms personnels *moi, je, nous, nous,* *toi, tu, lui, il, vous, vous,* soient, ainsi que le prétendent tous les grammairiens, des *pléonasmes,* des *doubles sujets,* etc., et je suis même surpris qu'une pareille erreur ait duré si long-temps; les paroles suivantes que l'on trouve consignées dans l'*Encyclopédie méthodique* à l'article *pronom,* auraient dû, ce me semble, détromper les esprits à cet égard.

« Les noms personnels *moi, toi, nous,*
« *vous,* etc., sont quelquefois, dit Bau-
« zée, le complément d'une préposition
« sous-entendue : Ex. : *Vous prétendez*
« *que le soleil tourne, et* MOI, JE sou-
« *tiens que c'est la terre.* (VOLTAIRE).
« Analyse : .... *et,* PAR DES RAISONS
« CONNUES DE MOI, JE *soutiens que c'est*
« *la terre.* »

« Peut-être m'objectera-t-on que j'ai
« mis un peu d'arbitraire dans la ma-
« nière dont j'ai suppléé l'ellipse dans
« cet exemple, où il a fallu mettre *moi*
« dans la dépendance d'une préposition.
« Je réponds qu'il est nécessaire de sup-

éer les ellipses un peu arbitrairement ,
artout quand il est question de sup-
.éer des phrases un peu considérables ;
on a rempli sa tâche, quand on a suivi
le sens général et que ce que l'on a in-
troduit n'y est pas contraire, ou ne
l'en éloigne point. »

Mais, peut-on dire, pourquoi s'écar-
er de la méthode des grammairiens ,
dont aucun n'a vu l'ellipse dans cet
xemple? et pourquoi ne pas dire avec
vous, que, quand on dit, par exemple,
et MOI, JE *soutiens*, ce *moi* est un mot
redondant? C'est qu'une redondance
de cette espèce me paraît une pure pé-
risologie, si elle ne fait rien au sens ;
si elle y fait, ce n'est plus une redondance, le *moi* est nécessaire, et s'il est
nécessaire, il est soumis aux règles de
la syntaxe. Or, on ne peut pas dire que
moi, dans la phrase en question, soit
nécessaire à l'intégrité générale de la
proposition *je soutiens que c'est la*
terre ; j'ai donc le droit d'en conclure
que c'est une partie intégrante d'une

« autre proposition ou d'un complément
« logique de celle dont il s'agit, que par
« conséquent il faut suppléer. Dans ce
« dernier cas, n'est-il pas plus raisonna-
« ble de tourner le supplément de manière
« que *moi* y soit employé selon sa desti-
« nation ordinaire et primitive, que de
« l'esquiver par le prétexte d'une redon-
« dance. »

N'est-ce pas là le langage de la raison ?
seulement, comme je suis loin de penser
qu'il soit permis, ainsi que l'affirme Bau-
zée, de suppléer les ellipses un peu arbitrairement, je vais donner l'analyse exacte
des exemples que j'ai cités plus haut.

EXEMPLE.

Moi, je le croyais aussi avant de vous
avoir entendu, etc.

ANALYSE.

(Pour) *moi*, je le croyais aussi avant
de vous avoir entendu, etc.

Ex. *Toi*, *tu* te trompes beaucoup.

An. (Quant à) *toi*, *tu* te trompes beaucoup.

Ex. *Lui*, *il* nomme chaque chose par
son nom.

An. (Pour) *lui*, *il* nomme chaque chose
par son nom.

Ex. *Nous*, *nous* l'avions toujours pensé.

An. (Quant à) *nous*, *nous* l'avions toujours pensé.

Ex. *Vous*, *vous* pouvez vous en passer.

An. (Quant à) *vous*, *vous* pouvez vous
en passer.

Personne ne peut contester cette analyse; elle est fondée sur l'usage, non
moins que sur l'autorité de tous les écri-
vains, comme le prouvent les exemples
suivants :

Pour moi, j'ai toujours regardé comme
le plus estimable des hommes ce Romain
qui voulait que sa maison fût construite
de manière qu'on vît tout ce qui s'y
faisait.   (J.-J. Rousseau).

Quant a vous, vous devez voir ici une preuve du vif intérêt que je prends à vos succès. (CH. NODIER).

Pour moi, je sais assez quel parti je dois prendre. (VOLTAIRE).

An. Quant a moi, j'étais conduit de bâillement en bâillement dans un sommeil léthargique qui finit tous mes plaisirs.

(MONTESQUIEU).

Quant a moi, je consulte avant de m'engager. (ACADÉMIE.)

Pour moi, je n'attends mon jugement que de l'opinion publique.

(BERNARDIN DE ST.-PIERRE.)

II.

Quelques grammairiens, trompés par l'apparence, se sont imaginé que, dans cette phrase tirée de l'Histoire naturelle de l'homme, de Buffon :

J'écoutai long-temps, et je me per-

uadai bientôt que cette harmonie était
moi.

Le nom personnel *moi* remplit la fonction de sujet; l'exemple suivant, tiré du
même ouvrage, nous fait voir que c'est
une erreur et que *moi* est, en ce cas, le
complément d'une préposition sous-entendue :

*Je crus d'abord que tous ces objets
étaient* EN MOI, *et faisaient partie de
moi-même.*

OBSERVATIONS
ANALYTIQUES
SUR LES *ADJECTIFS.*

I.

EXEMPLE.

Tout pays où la mendicité devient une
profession est mal *gouverné.*

ANALYSE.

Tout pays où la mendicité devient une
profession est (un pays) mal *gouverné.*

Ex. Les débats entre des intérêts op-
posés sont nécessairement *interminables.*

An. Les débats entre des intérêts op-
posés sont nécessairement (des débats)
interminables.

Ex. Mon sommeil fut *profond.*

An. Mon sommeil fut (un sommeil)
profond.

Ex. Ma jeunesse fut *orageuse.*

An. Ma jeunesse fut (une jeunesse)
orageuse.

Ex. Cette pensée n'est pas *neuve.*

An. Cette pensée n'est pas (une pensée)
neuve.

A quoi servent les *adjectifs?* à qualifier les noms; d'après ce principe général
et commun à toutes les langues, il est
évident que toutes les fois qu'un adjectif
n'est pas immédiatement en contact avec
un nom, c'est que le nom auquel il se
rattache est sous-entendu, comme cela a
lieu dans les exemples ci-dessus; il faut
donc réintégrer dans l'analyse ce nom

sous-entendu; la qualité étant inséparable de la substance. Qu'on ne perde pas de vue ce principe, source de lumière et de vérité et qui va nous servir à détruire plusieurs préjugés ridicules.

II.

EXEMPLES.

Le père et le fils sont *bons*.
Pierre et Marie sont *bons*.

Que disent la plupart des grammairiens au sujet de ces deux exemples? que *toutes les fois qu'un adjectif se rapporte à deux noms, on met cet adjectif au pluriel, parce que deux singuliers valent un pluriel, et que si ces deux noms sont de différents genres, l'adjectif prend le plus noble des deux genres.* Je ne m'arrêterai pas à faire sentir tout le ridicule de ces deux règles; d'autres l'on fait avant moi; je me bornerai aux observations suivantes.

Quand on dit : *Pierre et Marie sont*

BONS, il est évident que l'adjectif *bons* ne se rapporte ni à *Pierre* qui est du singulier, ni encore moins à *Marie* qui n'est ni du même genre ni du même nombre. Or, s'il ne convient ni à l'un ni à l'autre, comment pourrait-il, je le demande, se rapporter à tous les deux ? L'analyse seule peut donc expliquer ces sortes de phrases.

EXEMPLE.

Le père et le fils sont *bons*.

ANALYSE.

Le père (est un homme bon) et le fils (est un homme bon, ces deux hommes) sont (deux hommes) *bons*.

Ex. Pierre et Marie sont *bons*.

An. Pierre (est un homme bon) et Marie (est une femme bonne, ces deux individus) sont (deux individus) *bons*.

Je ne crois pas que cette analyse puisse être contestée ; elle est conforme aux principes de la plus saine idéologie. En effet, si en examinant Pierre, je trouve qu'il est bon, je dirai *Pierre est bon*, puis, si je reconnais que Marie possède cette même qualité, je dirai *Marie est bonne*, or, si Pierre est bon et que Marie soit bonne, j'en concluerai nécessairement que ces deux individus *sont bons.*

III.

ADJECTIFS PRIS ADVERBIALEMENT.

EXEMPLES.

Madame, voulez-vous que je vous parle *net ?*

Il y a peu de plaisirs qui ne soient achetés trop *cher.*

Tu raisonnes fort *juste.*

Vous parlez beaucoup trop *bas*, je ne puis vous entendre.

Elle chante *faux.*

Trouvez *bon* qu'on vous conseille.

Vous ne trouverez pas *mauvais*, s'il vous plaît, la curiosité que j'ai eue de voir un illustre malade comme vous êtes.

Tous les grammairiens se contentent de dire que, dans les exemples ci-dessus, les adjectifs *net, cher, faux, bon, juste, bas, mauvais,* sont pris adverbialement; cela est très bien, mais cela ne peut suffire et n'apprend pas grand'chose à l'élève. Il faut lui faire voir que ces mots n'étant autre chose que des adjectifs, doivent nécessairement qualifier un nom; ce nom n'est point exprimé ici; il faut donc le rétablir, car ces adjectifs sont les éléments d'autant d'expressions adverbiales, dont toutes les autres parties sont sous-entendues, ainsi qu'on le voit dans l'analyse ci-après :

EXEMPLE.

Madame, voulez-vous que je vous parle *net ?*

ANALYSE.

Madame, voulez-vous que je vous parle (en langage) *net ?*

Ex. Il y a peu de plaisirs qui ne soient achetés trop *cher*.

Ax. Il y a peu de plaisirs qui ne soient achetés (à un prix) trop *cher*.

Ex. Tu raisonnes fort *juste*.

Ax. Tu raisonnes (en un sens) fort *juste*.

Ex. Elle chante *faux*.

Ax. Elle chante (d'un ton) *faux*.

Ex. Trouvez *bon* qu'on vous conseille.

Ax. Trouvez (ceci *bon*), (c'est-à-dire) qu'on vous conseille.

Ex. Vous ne trouverez pas *mauvais*, s'il vous plaît, la curiosité que j'ai eue de voir un illustre malade comme vous êtes.

Ax. Vous ne trouverez pas (ceci) *mauvais*, (c'est-a-dire) la curiosité que j'ai eue, etc.

Il me serait facile de citer un nombre infini d'exemples en faveur de cette analyse ; mais je me bornerai aux deux suivants. Bossuet, dans ses *Élévations sur les mystères*, dit, 1° avec la construction pleine : *Pour parler d'*un ton plus aigu, *ou plus* gros, *ou plus* haut, *ou plus* bas, *je dilate encore ou je resserre une autre partie dans le gosier qu'on appelle trachée artère, quoique je ne sache pas même si j'en ai une;* 2° avec ellipse : *Il suffit que je veuille parler* haut ou bas *afin que tout se fasse comme de soi-même.*

IV.

ADJECTIFS ACCOMPAGNÉS D'UN NOM COLLECTIF.

EXEMPLE.

La plupart des jeunes gens se croient *naturels*, quand ils ne sont que mal *polis et grossiers.*

ANALYSE.

La plupart | la plus grande partie] des jeunes gens (est composée de jeunes gens qui) se croient *naturels*, quand ils ne sont que mal *polis et grossiers.*

Ex. La moitié de ses enfants sont *morts*.

An. La moitié de ses enfants (est composée d'enfants qui) sont *morts*.

C'est faute d'avoir vu l'ellipse que les grammairiens ont cru que l'accord du verbe et de l'adjectif a lieu, en pareille circonstance, par *syllepse,* ce qui est faux, ainsi que le démontre l'analyse.

V.

DES ADJECTIFS *NU* ET *DEMI*.

EXEMPLES.

Une *demi*-science est la plupart du temps pire que l'ignorance.

Les courtisans vont *nu*-tête, les esclaves vont *nu*-pieds, le citoyen va entièrement vêtu.

Est-il bien vrai que, dans ces exemples, *demi-science, nu-tête, nu-pieds,* aient été, ainsi qu'on le dit communément, des négligences qui sont devenues ensuite usuelles? Les adjectifs *demi* et *nu* ne seraient-ils pas, au contraire, pris adverbialement, et ne pourrait-on pas, d'après cela, analyser ces expressions ainsi qu'il suit :

EXEMPLE.

Une *demi*-science est la plupart du temps pire que l'ignorance.

ANALYSE.

Une science (acquise à) *demi* est la plupart du temps pire que l'ignorance.

Ex. Les courtisans vont *nu*-tête, les esclaves vont *nu*-pieds, le citoyen va entièrement vêtu.

An. Les courtisans vont (ayant la) tête (à) *nu*, les esclaves vont (ayant les) pieds (à) *nu*, le citoyen va entièrement vêtu.

C'est ainsi que l'on dit journellement : *avoir la tête* A NU, A DÉCOUVERT, harengs salés et fumés A DEMI, *montrer son cœur* A NU, etc.

VI.

DE L'ADJECTIF *TOUT* EMPLOYÉ ADVERBIALEMENT.

EXEMPLES.

Les colporteurs de mauvais bruits sont *tout* aussi coupables que ceux qui les inventent.

Il a commencé son règne par une conduite *tout* opposée à celle de Pygmalion.

Je ne crois pas que l'on doive se borner à dire que l'adjectif *tout* est pris ici adverbialement; il faut nécessairement donner l'analyse complète de cette expression adverbiale, qui modifie les adjectifs *coupables*, *opposée*, et dont *tout* n'est qu'un élément.

EXEMPLE.

Les colporteurs de mauvais bruits sont *tout* aussi coupables que ceux qui les inventent.

ANALYSE.

Les colporteurs de mauvais bruits sont

aussi coupables (de) *tout* (point) que ceux qui les inventent.

Ex. Il a commencé son règne par une conduite *tout* opposée à celle de Pygmalion.

An. Il a commencé son règne par une conduite opposée (de) *tout* (point) à celle de Pygmalion.

Cette analyse ne saurait être contestée ; voici les autorités sur lesquelles je crois devoir me fonder. DE TOUT POINT, dit l'Académie, *est une façon de parler adverbiale pour dire* TOTALEMENT, ENTIÈREMENT, *etc. C'est un homme accompli* DE TOUT POINT. On trouve aussi dans Rabelais, Gargantua, liv. 1, ch. 2 : *On lui eust faict ung tour si tres moleste que* DE TOUS POINCTZ *elle eust eté frippée.*

VII.

DE L'ADJECTIF *QUELQUE* EMPLOYÉ ADVERBIALEMENT.

EXEMPLE.

Quelque puissants que vous soyez, craignez les caprices du sort.

ANALYSE.

(A) QUELQUE (DEGRÉ) que vous soyez puissants, craignez les caprices du sort.

Ex. Alexandre perdit *quelque* trois cents hommes, lorsqu'il défit Porus.

An. Alexandre perdit trois cents hommes (A) QUELQUE (NOMBRE PRÈS)...

Ex. Il y a *quelque* 500 ans que Flavio Gioja, napolitain, a fait l'utile découverte de la boussole.

An. Il y a 500 ans (A) QUELQUE (TEMPS PRÈS) que Flavio Gioja, napolitain, a fait l'utile découverte de la boussole.

On apprend par cette analyse le sens précis de ces expressions adverbiales elliptiques, et l'on voit que le mot *quelque* n'est jamais autre chose qu'un adjectif, qui, dans quelque cas que ce soit, doit toujours se rattacher à un nom. En se bornant à dire que *quelque*, dans ces deux derniers exemples, signifie *environ*, on n'apprend rien aux élèves ; il faut absolument leur en faire voir l'analyse complète.

VIII.

DE L'ADJECTIF NUMÉRAL *UN*.

EXEMPLE.

Moi et mon ami nous ne faisons qu'*un*.

ANALYSE.

Moi et mon ami nous ne faisons qu'UN (MÊME INDIVIDU).

Ex. Le père et le fils sont *un*.

AN. Le père et le fils sont UN (SEUL DIEU)

Ex. Dieu est *un*.

AN. Dieu est UN (DIEU UNIQUE).

Les grammairiens, qui ne se doutent guère de l'ellipse, disent que *un* est ici un adjectif qualificatif; ce qui est faux, ainsi qu'on le voit par l'analyse fondée sur les phrases suivantes : *Le père et le fils sont* UN SEUL DIEU. *Le fils de Dieu est* UNIQUE, Bossuet, Élévations sur les mystères; *Le Dieu que nous adorons est* UN SEUL DIEU, Dussault, Annales littéraires, tom. I, p. 45.

IX.

DE L'ADJECTIF *TEL.*

EXEMPLE.

Tel père, *tel* fils

ANALYSE.

(Le) père (est) TEL (quel est le fils, (le) fils (est) TEL (quel est le père).

Ex. *Tel* homme est ingrat, qui est moins coupable de son ingratitude que celui qui lui a fait du bien.

An. (Un) homme TEL (QUEL le hasard veut qu'il soit) est ingrat, qui est moins coupable de son ingratitude que celui qui lui a fait du bien.

Cette analyse, en nous révélant le sens précis de ces expressions elliptiques, nous apprend que le mot *tel* n'est jamais un adjectif déterminatif, mais bien un adjectif qualificatif dont le corrélatif *quel* est presque toujours sous-entendu.

X.

DE L'ADJECTIF *PLEIN*.

EXEMPLE.

Il y a de l'eau *plein* la carafe.

ANALYSE.

Il y a de l'eau (dans) la carafe (à) *plein* (bord).

J'ai lu dans le dix-neuvième numéro du Journal grammatical une discussion fort plaisante à l'occasion de l'adjectif *plein*. M. Boniface, après avoir cherché si ce mot, en pareil cas, est une *préposition*, un *adjectif* ou un *adverbe*, finit par conclure que c'est une *préposition* qui a pour complément *la carafe* ; ce qui est passablement absurde, ainsi qu'on le voit par l'analyse que nous en donnons, et par laquelle on apprend que *plein* n'est autre chose qu'un adjectif pris ici adverbialement. Peut-être s'empressera-t-on de contester cette analyse, qui est cependant tout-à-fait conforme aux expressions suivantes :

'eau vient *à plein tuyau ; de là on dé-*
oupre A PLEIN *toute l'armée ; boire* A
PLEIN VERRE ; *un verre* PLEIN *de vin*
jusqu'au bord.

XI.

DES ADJECTIFS POSSESSIFS.

EXEMPLE.

Le travail est *mon* Dieu, lui seul régit
le monde.

ANALYSE.

Le travail est (le) Dieu MON [de moi].

Ex. Quel est *ton* nom ? — La vérité.
An. Quel est (le) nom TON [de toi.] ?

Ex. C'est insulter Dieu que de faire
trafic de *son* séjour, de *sa* miséricorde,
de *ses* bienfaits.

An. C'est insulter Dieu que de faire
trafic de (le) séjour *son*, [de lui], de (la)
miséricorde *sa*, de (les) bienfaits *ses*.

Ex. Nous tenons à la vie comme d'anciens locataires que l'habitude familiarise avec l'incommodité de *leur* logement.

An. . . . . familiarise avec l'incommodité de (le) logement *leur* [d'eux.]

Dans ces phrases, disent les grammairiens, le sens des substantifs est déterminé par *mon, ton, son, leur*; à l'aide de ces adjectifs, on voit qu'il s'agit d'une idée de possession, sans qu'il soit nécessaire d'ajouter autre chose pour opérer cette determination. On peut voir par notre analyse combien ces principes sont absurdes; car cette analyse nous apprend, 1° que ces adjectifs ne sont point des *articles*, des *pronoms*, etc., mais bien des adjectifs qui servent à déterminer les noms auxquels ils sont joints avec le concours de l'article, qui est aujourd'hui toujours sous-entendu, mais que l'on exprimait autrefois, ainsi qu'on peut le voir par nos vieilles chroniques. Je ne citerai que les exemples suivants :

*Il savent que nule genz n'ont si grant
pooir comme vos et* LA VOSTRE *gent.*

(VILLE-HARDOIN).

Li Venisien orent LA LOR PART. (id.)

*Et il se montrent les contès et les ba-
rons* LES LOR CONVENANCES. (id.)

OBSERVATIONS

ANALYTIQUES

SUR LES VERBES.

Les grammairiens, entraînés par l'exemple de Restaut, se sont plu à étendre les
classes des verbes. Suivant eux, il y au-
rait des verbes *actifs, passifs, neutres,
neutres-passifs, réfléchis, réciproques,
impersonnels.* M. Lemare s'était déjà for-
tement élevé contre ces absurdes divi-
sions ; il appartenait à M. Biagioli de nous
en délivrer pour jamais, en réduisant les
verbes à deux classes : *verbes d'action*
et *verbes d'état.* Les *verbes d'action* sont
ceux qui expriment une action qui a nécessairement un objet, comme *j'aime;* les
verbes d'état sont ceux qui n'expriment

que l'état du sujet, comme *je dors.* Cette belle classification est la seule raisonnable, la seule admissible. En effet, quand on dit : *j'aime* [je suis aimant quelqu'un ou quelque chose]; *je suis aimé ; je plais* [je suis plaisant] ; *je me promène* [je suis promenant me, moi]; *je me bats* [je suis battant me, moi] ; il pleut [le ciel est pleuvant] ; n'est-il pas toujours question d'un sujet qui est dans tel ou tel état, ou bien qui fait telle ou telle action ? J'ai lu dans le Journal grammatical que M. Vanier propose cette même classification, mais voici la distinction qu'il établit : VERBES D'ÉTAT, ceux par lesquels on exprime ce que le sujet est, comme : *nous sommes agiles, nous sommes gais;* VERBES D'ACTION, ceux par lesquels on exprime ce que le sujet fait, comme : *nous courons, nous rions, nous travaillons ;* cette distinction est on ne peut plus absurde, et j'aurais honte de la réfuter. Tout le monde est à même de voir que *nous sommes gais,* est une phrase, et non un verbe. *Courons,* même d'après les

règles de M. Vanier, serait un verbe d'é-
tat, puisque, comme il le dit lui-même,
il se décompose par *nous sommes cou-*
rants.

Quand aux grammairiens qui prétendent encore aujourd'hui qu'il existe des
verbes impersonnels, je leur donne ces
deux exemples à méditer : Dieu *fait luire*
son soleil sur les bons et sur les mau-
vais, et PLEUT *sur le champ du juste*
comme sur celui du pécheur (Bossuet,
Élévations sur les mystères); *ce est li* AIR
qui PLEUT *et* TONNE. (Roman de la Rose).

OBSERVATIONS

ANALYTIQUES

SUR LES GALLICISMES : *IL Y A, IL Y AVAIT.*

EXEMPLE.

Il Y A *un homme.*

ANALYSE.

IL (c'est-à-dire *le monde*) a y |en soi|
un homme.

Ex. Il y a *deux ans.*

Il (c'est-à-dire *le temps*) a y ⌊à cette heure⌉ *deux ans.*

On pense généralement qu'il est impossible d'expliquer en aucune manière ces sortes de locutions ; l'analyse que nous en donnons, d'après un célèbre grammairien, M. Biagioli, nous en fait connaître cependant le sens et la valeur précise.

OBSERVATIONS

ANALYTIQUES

SUR LES *PRÉPOSITIONS.*

Presque tous les grammairiens donnent aux signes appelés *prépositions* une foule d'attributions dont ils sont réellement dépourvus. Suivant eux, par exemple, la préposition *à* peut marquer le *lieu*, l'endroit, la *situation*, le *tems*, le *terme* où l'on tend, la *cause*, le *moyen*, la *manière*, l'*union*, la *conformité*, l'*opposition*, l'*ordre*, et peut aussi remplacer *envers*, *pour*, *dans*, *devant*, etc., etc. Cette funeste idéologie, qui, comme le dit un profond grammairien, a été créée dans les temps de la barbarie la plus ténébreuse, prend chaque jour plus d'empire ; témoin cet ouvrage qu'un professeur d'humanités au collége de Henri IV, M. Pottier, vient de publier sous le titre de : *Nouveau système d'enseignement du latin,* ou *Essai sur la valeur des prépositions latines ,* etc. Ce professeur a surpassé tous les routiniers, puisqu'il va jusqu'à trouver près de quatre-vingts raprorts à une seule préposition !!!! ! selon lui, la préposition *in* [dans] marquerait la *mise ,* la *fortune,* la *santé* , la *condition,* la *forme ,* . . . . . .!!! Cet Essai suffit pour donner une idée de la manière dont on enseigne dans les colléges ; il ne diffère pas du Traité des prépositions de Regnier Desmarais, cet illustre académicien, qui, après avoir péniblement énuméré toutes les propriétés dont il lui a plu de gratifier la préposition *à,* termine par dire : « *Voilà quelques - uns des princi-* « *paux sens de cette préposition ; car* « *pour les marquer tous, il faudrait*

« *passer en revue presque tous les mots*
« *français, n'y en ayant guère avec les-*
« *quels elle ne serve à former quelque*
« *phrase par la propriété qu'elle a de*
« *pouvoir être substituée à la place de*
« *la plupart des prépositions.* »

Ainsi donc, pour bien connaître la propriété de cette partie importante du discours, il faudrait, d'après la presque totalité des grammairiens, passer en revue tous les mots d'une langue !..... Qu'ils sont à plaindre les jeunes gens qui reçoivent une semblable instruction ! S'arrêter plus long-temps sur de pareilles absurdités, ce serait faire injure aux lecteurs.

Les prépositions , d'après l'observation judicieuse de M. Lemare, à qui nous empruntons la plupart de ces réflexions, ne peuvent marquer ni le *temps,* ni le *lieu,* ni la *fortune,* etc., quoiqu'elles aient pour complément des mots qui expriment tout cela. Leur seule et unique fonction est d'indiquer les différents rapports que les choses ont entre elles, et non les choses elles-mêmes, comme on nous l'a fait croire jusqu'à présent, et comme il paraîtrait qu'on voudrait nous le faire croire jusqu'à la fin des siècles.

Ce que nous allons ajouter va prouver jusqu'a la dernière évidence la vérité de ce principe.

1.

DE LA PRÉPOSITION *DE*.

EXEMPLES.

Table DE *marbre.*
Je m'éloigne DE *Paris.*

La préposition *de*, peut, ainsi qu'on le voit, indiquer deux rapports différents; celui de *qualification*, comme dans le premier exemple, et celui *d'éloignement*, comme dans le second. Les Italiens ont deux signes pour ces deux rapports, *di* et *da.* Exemple : *tavola* DI *marmo*, table de marbre ; *m'allontano* DA *Parigi*, je m'éloigne *de* Paris. Nous allons considérer séparément ces deux sortes de fonctions.

DE LA PRÉPOSITION *DE*

INDIQUANT UN RAPPORT DE QUALIFICATION.

EXEMPLES.

Arc DE *triomphe.*
Lettres D'*amour.*
Palais DE *roi.*
Bonté DE *Dieu.*
Ombre DE *nuit.*

M. Boniface s'imagine que, dans ces exemples, il y a ellipse d'un adjectif; j'avoue que j'ai la vue bien courte, car, avec la meilleure volonté du monde, il m'est impossible de voir qu'il y ait en ce cas aucune espèce d'adjectif ellipsé; M. Boniface lui-même ne paraît pas toujours très sûr de retrouver cet adjectif, puisqu'il dit qu'il est souvent très difficile de le suppléer; ce qui me ferait croire qu'il n'y ait pas, et que M. Boniface s'est fait illusion. Ces phrases, selon Dumarsais et tous les grammairiens philosophes, sont complètes; et la préposition *de* ne fait d'autre fonction que d'exprimer le rapport qui existe entre les mots *art* et *triomphe, lettres* et *amour, palais* et *roi, bonté* et *Dieu, ombre* et *nuit*; ce rapport s'appelle *rapport de qualification*. En examinant les autres prépositions et même la préposition *de*, désignant un *rapport d'éloignement,* on verra qu'elles ne font qu'indiquer le second terme du rapport qu'on désigne, mais que l'idée relative à ce rapport est et doit être exprimée par un adjectif, ce qui n'a pas lieu pour la préposition *de* marquant un *rapport de qualification*, puisque cette préposition exprime d'elle-même, à l'aide de son complément, le rapport dont elle est le signe; d'où ce principe, mis au jour par Dumarsais : *la préposition* DE *et son complément sont équivalents à un adjectif.* Pour le prouver, il suffit de faire observer que nous pouvons substituer *triomphal, amoureuses, royal, divine, nocturne,* aux expressions qualificatives *de triomphe, d'amour, de roi, de Dieu, de nuit,* des exemples cités plus haut. Bossuet, dans ses Élévations sur les mystères, dit : *malheureux homme que je suis,* qui me *délivrera de* CE CORPS DE MORT? au lieu de *ce corps mortel.* Il est impossible qu'un rapport de qualification ait lieu sans le concours de deux termes dont l'un est le qualifiant et l'autre le qualifié. Mais il arrive souvent que l'un de ces deux termes est sous-entendu, comme nous allons le faire voir. Voici la marche que nous suivrons pour toutes les prépositions. Chaque numéro comprendra trois exemples; le premier, construit selon l'ordre direct, donnera le moyen de rétablir les mots que l'ellipse aura sous-entendus dans le second exemple, dont le troisième donnera l'analyse.

EXEMPLES.

CONSTRUCTION PLEINE : *vêtu avec un habit de drap.*

CONSTRUCTION ELLIPTIQUE : *vêtu de lin.*

ANALYSE : *vêtu* (avec un habit) *de lin.*

CONSTR. PL. : *Épris pour la gloire.*

CONSTR. ELLIPT. : *Il est épris de cette femme.*

Anal. : Il est épris (*pour les charmes*) de cette femme.

Constr. pl. : *Quand ils eurent goûté la douceur de la victoire* (Bossuet).

Constr. ellip. : *Celui qui a une fois goûté des plaisirs, ne peut plus s'en passer.*

Anal. : *Celui qui a une fois goûté* (la douceur) *des plaisirs , ne peut plus s'en passer.*

Constr. pl. : Un jour la main du génie, libre de préjugés, déchirera le voile qui ternit encore à nos yeux *l'éclat de si belles couleurs.*

Constr. ellip. : Il s'empresse d'enlever son oripeau , de peur de ternir *de si belles couleurs.*

Anal. : Il s'empresse d'enlever son oripeau, de peur de ternir (*l'éclat*) *de si elles couleurs.*

Constr. pl. *En temps de paix.*
(Fénelon).

Constr. ellip. Il partit *de nuit.*

Anal. Il partit (*en temps*) *de nuit.*

4

CONSTR. PL. Les vieillards pleuraient *par un excès* de joie mélée de tendresse.

(FÉNELON).

CONSTR. ELLIP. Une portion de la société peut-elle laisser l'autre mourir *de faim ?*

ANAL. Une portion de la société peut-elle laisser l'autre mourir (*par un excès*) de faim ?

CONSTR. PL. Au théâtre, ce qui ne mérite pas *la peine* d'être dit, on le chante.

(BOISTE).

CONSTR. ELLIP. La véritable gloire consiste à faire ce qui mérite d'être écrit, à écrire ce qui mérite d'être lu.

ANAL. La véritable gloire consiste à faire ce qui mérite (*la peine*) *d'être écrit,* à écrire ce qui mérite (*la peine*) *d'être lu.*

CONSTR. PL. L'indocilité qui s'accroît par les châtimeuts, ne résiste guère *à la force des bienfaits.* (DE ROUILLY.)

CONSTR. ELLIP. Vous ne résisterez pas à de si puissants charmes.

ANAL. Vous ne résisterez pas à (*la force*) *de si puissants charmes.*

CONSTR. PL. *En vertu* d'un arrêt.

CONSTR. ELLIP. De par le roi.

ANAL. (*En vertu*) de (*l'ordre* donné) par le roi.

CONSTR. PL. C'est *le propre de l'homme* de penser.

CONSTR. ELLIP. Si vaincre est d'un héros, pardonner est d'un Dieu.

ANAL. Si vaincre est (*le propre*) *d'un héros,* pardonner est (*le propre*) *d'un Dieu.*

CONSTR. PL. En état de défense.

ANAL. Il y a eu deux hommes (*dans l'état d'hommes*) *tués.*

CONSTR. ELLIP. Il y a deux mailles de rompues.

ANAL. Il y a deux mailles (*dans l'état*) *de* (*mailles*) *rompues.*

Ces derniers exemples ont assez embarrassé les grammairiens, qui se tirent d'affaire en disant que ce sont des latinismes.

DE LA PRÉPOSITION *DE*

INDIQUANT UN RAPPORT D'ÉLOIGNEMENT.

EXEMPLES.

CONST. PL. Lorsqu'on *part* d'une erreur, on n'arrive jamais à la vérité. (DE JOUY).

CONST. ELLIP. *De* là il passa en Angleterre.

ANAL. (Lui *partant*) *de* là, il passa en Angleterre.

Les éclairs fendaient les nues *de* l'un à l'autre pôle.

AN. Les éclairs (*partant*) *de* l'un (des pôles et allant) à l'autre pôle, fendaient les nues.

CONST. PL. La vérité s'*éloigne de* moi.
(FÉNELON).

CONSTR. ELLIP. *Des* peines nous passons tour à tour aux plaisirs.

AN. (Nous, nous *éloignant*) *des* peines, nous passons aux plaisirs....

La préposition *de* n'est, dans les exemples ci-dessus, qu'un signe indicateur qui sert à montrer le lieu, la personne, le terme, en un mot, d'où l'on s'éloigne; mais, puisque ce n'est pas la préposition qui exprime cette idée d'éloignement, il faut bien qu'il y ait dans la phrase un mot chargé de l'exprimer : si ce mot ne s'y trouve point, c'est qu'il est alors sous-entendu. Dans cette phrase : *Il vient de Lyon*, que j'ai soumise à plusieurs professeurs, on s'imagine que *de* indique le lieu d'où l'on vient; je vais faire voir que c'est une erreur. D'abord on ne peut pas *venir d'un lieu*, on ne peut que *venir en un lieu*, donc l'expression *de Lyon* n'a rien à faire avec *il vient;* car *il vient* exprime une idée de tendance, et *de Lyon* indique un rapport d'éloignement. Il faut donc nécessairement savoir à quoi se rattache cette dernière expression, et il est facile de voir que cette phrase : *il vient de Lyon*, est un abrégé de celle-ci : (lui s'éloignant) *de Lyon, il vient* (ici, à Paris, etc.) Il vient, où vient-il ? *ici ;* d'où est-il parti? *de Lyon.* Il est impossible de contester ce raisonnement.

II.

DE LA PRÉPOSITION *A.*

EXEMPLES.

Const. pl. A la lueur des éclairs, nous aperçûmes d'autres vaisseaux *exposés au* même péril. (Fénélon).

Constr. ellip. Tous les corps se resserrent *au* froid et se dilatent *à* la chaleur.

An. Tous les corps (étant *exposés*) *au* froid se resserrent et se dilatent (*exposés*) *à* la chaleur.

Constr. pl. Pour juger les hommes et les livres, ne vous en *rapportez* qu'*à* vous même. (Boiste).

Constr. ellip. *A* ce qu'on dit.

An. (Si l'on s'en *rapporte*) *à* ce qu'on dit.

Ex. Les bons esprits sont *propres à* tous les emplois. (Frédéric).

Arbres *à* fruits.

An. (Arbres *propres*) *à* (produire des) fruits.

Const. ellip. Il est homme *à* tout entreprendre.

An. Il est homme (*propre*) à tout entreprendre.

Constr. pl. Les hommes s'*invitent* tous au bonheur, et s'en disputent les moyens.

Constr. ellip. L'homme n'aime point à s'occuper de son néant.

An. L'homme n'aime point tout ce qui (l'*invite*, le *force*) à s'occuper de son néant.

Constr. pl. Le plus grand bien auquel on puisse prétendre, est de mener une vie *conforme* à son état, à son goût. (Volt.)

Constr ellip. On ne peut rien faire à son goût.

An. On ne peut rien faire (qui puisse être *conforme*) à son goût.

La préposition *à* n'a, comme on le voit, qu'une seule fonction, qui est celle d'indiquer un rapport de *tendance* ou d'*attribution*, rapport exprimé par un adjectif, le plus souvent sous-entendu.

III.

DES PRÉPOSITIONS *EN*, *DANS*.

EXEMPLES.

CONSTR. PL. On abrutit l'homme en le *plongeant dans* l'ignorance.

CONSTR. ELLIP. *Dans* la misère.

ANAL. (*Plongé*) *dans* la misère.

CONSTR. PL. Il *était* encore *dans* toute la vigueur de la jeunesse.   (FÉNELON).

CONSTR. ELLIP. *Dans* la fleur des ans.

AN. (*Étant*) *dans* la fleur des ans.

CONSTR. PL. Les pierres étaient *suspendues en* l'air.   (FÉNELON).

CONSTR. ELLIP. Il a toujours le pied *en l'air*.

AN. Il a toujours le pied (*suspendu*) *en* l'air.

Le rapport d'existence dans le lieu est indiqué par la préposition *dans* ou *en*.

Il résulte de tout ce que nous avons dit jusqu'ici, que les prépositions n'ont et ne peuvent jamais avoir qu'un seul caractère.

OBSERVATIONS

ANALYTIQUES

SUR LES *ADVERBES*.

L'adverbe, disent tous les grammai-riens et entr'autres MM. Noël et Chapsal, dont la grammaire n'est qu'un véritable tissu d'erreurs, un mot qui QUALIFIE ou un *verbe : il parle éloquemment ;* ou un adjectif : *il est très éloquent ;* ou un autre ADVERBE : *il parle bien éloquem-ment,* et qui n'a jamais de régime, parce QU'IL RENFERME SON RÉGIME EN LUI-MÊME : Nous ferons voir, au moyen de l'analyse, combien ces principes sont absurdes.

Un célèbre grammairien *, auquel nous sommes redevables d'un grand nombre de vérités dont quelques gens ont eu l'ef-fronterie de s'emparer sans lui en faire l'honneur, nous a dit depuis long-temps que, quelle que soit la forme sous laquelle les *adverbes* se présentent dans le dis-

* M. Biagioli.

cours, ils ne modifient et ne peuvent jamais modifier que les *adjectifs*. Pour montrer que ce principe est incontestable, nous nous contenterons d'analyser quelques exemples.

EXEMPLE.

Il parle *éloquemment*.

ANALYSE.

Il est *parlant* D'UNE MANIÈRE ÉLOQUENTE.

Ex. Il parle *bien éloquemment*.
An. Il est *parlant* D'UNE MANIÈRE BIEN ÉLOQUENTE.

Ex. On ne fait rien de bien que ce qu'on fait *librement*.
An. . . . . que ce qu'on est *faisant* D'UNE MANIÈRE LIBRE.

Ex. Vous parlez *assez sottement*.
An. Vous êtes *parlant* D'UNE MANIÈRE ASSEZ SOTTE.

On apprend, 1° par l'analyse du premier et du troisième exemple, que les

adverbes *éloquemment, librement,* modifient les adjectifs *parlant* et *faisant,*
contenus dans les formes *parle* et *fait ;*
2° par celle du deuxième et du quatrième
exemple, que les adverbes *bien* et *assez*
modifient les adjectifs *éloquente* et *sotte*
renfermés dans les adverbes *éloquemment* et *sottement.*

OBSERVATIONS

ANALYTIQUES

SUR LES *CONJONCTIONS.*

La plupart des grammairiens routiniers,
pour qui la science des mots est plus que
celle des choses, prétendent que les *conjonctions* ne lient pas toujours, ainsi que
l'ont avancé les grammairiens philosophes, des propositions : Cette opinion
erronée est partagée par M. Fellens et
par M. Jacotot, dont les connaissances
grammaticales sont surannées, pour ne
pas dire nulles. Afin de prouver l'absur-
dité d'une pareille assertion, et faire voir
jusqu'à la dernière évidence que les *con-*

jonctions n'unissent jamais des mots, mais bien des propositions, et rien que des propositions, il me suffira de donner l'analyse complète des exemples que M. Fellens, dans sa réponse à la réfutation que je lui ai faite à cet égard (voir le *Journal grammatical,* troisième année), me défie de ramener au principe que je soutiens : Voici ces exemples.

1° *Apollonius considère la conjonction comme servant à unir les propositions,* ET *non les mots.*

2° *Nous avons des autorités plus imposantes pour admettre l'opinion de Scaliger* ET *de Sanctius.*

3° *On voit des femmes belles, sages* ET *sans coquetterie.*

4° *Sans crainte* NI *pudeur, sans force ni vertu.*

5° *Je prendrai* OU *Corneille* OU *Molière.*

« Eh bien ! dit M. Fellens avec un air
« de triomphe, dans tous ces exemples,
« les conjonctions lient-elles deux propo-
« sitions exprimées ? bien plus, l'analyse

61

« permettrait-elle toujours d'en trouver
« plusieurs dans chaque phrase? Le sens
« ne serait-il pas altéré dans certains cas
« par l'addition des mots nécessaires
« pour compléter les différentes proposi-
« tions? Si je dis : *Le roi et le berger*
« *sont égaux après la mort*, torturez la
« phrase comme vous le voudrez, y trou-
« verez-vous jamais plus d'une proposi-
« tion ? »

La seule et la meilleure réponse à tous
ces faux raisonnemens et à ce défi cour-
tois, c'est, comme je l'ai déjà dit, l'analyse de ces exemples, et je m'empresse de
la donner.

ANALYSE.

1° *Appollonius considère la conjonction comme servant à unir les propositions*, ET (IL) *ne* (LA CONSIDÈRE PAS
COMME SERVANT A UNIR) *les mots*.

2° *Nous avons des autorités plus imposantes pour admettre l'opinion de
Scaliger* ET (NOUS AVONS DES AUTORITÉS
PLUS IMPOSANTES POUR ADMETTRE CELLE)
de Sanctius.

3º *On voit des femmes* (QUI SONT) *belles*, (QUI SONT) *sages* ET (QUI SONT) *sans coquetterie.*

4º (ÉTANT) *sans crainte* ET N' (AYANT POINT DE) *pudeur*, (ÉTANT (*sans force* ET N' (AYANT POINT DE) *vertu.*

5º *Je prendrai* (L'UN DES DEUX AU- TEURS SUIVANS) OU (JE PRENDRAI) *Cor- neille*, OU (JE PRENDRAI) *Molière.*

6º *Le roi* (EST ÉGAL AU BERGER APRÈS LA MORT) ET *le berger* (EST ÉGAL AU ROI APRÈS LA MORT, CES DEUX INDIVIDUS) *sont égaux après la mort.*

Qui serait assez dépourvu de bon sens pour ne pas voir que, dans ces exemples, les conjonctions ET, NI, OU, unissent des propositions et non des mots? mais, va dire M. Fellens, pour me prouver que je suis dans l'erreur, vous ANALYSEZ les phrases que j'ai citées, c'est-à-dire que vous ajoutez des propositions qui n'exis- tent pas dans mes exemples. Cette obser- vation de M. Fellens est juste, tout le monde peut aisément s'en convaincre; mais comment M. Fellens veut-il donc que je lui fasse voir que les conjonctions ne lient jamais que des propositions , s'il ne me permet pas de restituer tous les mots sous-entendus , et sans lesquels il me serait complètement impossible de comprendre les phrases unies par une conjonction? Puisque ces mots existent dans mon esprit, n'est-il pas juste que je les rétablisse dans le discours? Si M. Fellens nie qu'ils existent dans le sien, sûre ment c'est qu'il ne veut pas les y chercher, ou qu'il est de mauvaise foi. Ainsi, il est clairement démontré par l'analyse que LES CONJONCTIONS NE LIENT JAMAIS LES MOTS, MAIS BIEN LES PROPOSITIONS. Je me suis peut-être un peu trop étendu sur ce sujet, mais j'y ai été entraîné par l'importance même de la matière et par le désir de détruire un préjugé long-temps enraciné dans la tête d'un grand nombre de grammairiens.

Ces vérités seront plus amplement développées dans la *Nouvelle Grammaire* que je me propose de publier incessamment.

FIN.

TABLE

DES MATIÈRES.

IMPRIMERIE DE POUSSIN,

RUE DE LA TABLETTERIE, N° 9.

séquence est, que le réglement
l'autorité de la chose irrévocablen

Il est incontestable qu'on ne
contre le réglement définitif; or
cisive; car, si le réglement d
d'appel, *à fortiori*, il ne peut
civile. On ne saurait réclame
dans l'impuissance d'obtenir *le*

Le réglement est, sans doute
guons : c'est l'acte de la juridic
ter consentientes ; Ce n'est pas
tentieuse, *inter dissidentes.*

Le ministère public ajoutait
l'intimé, à l'appui de la senten
réglement provisoire d'ordre d
testation, était un *contrat ju*
créanciers, consenti et approuv
une loi qu'ils s'étaient volontai
ne pouvaient se plaindre en auc

RUE DU F SAINT-HONORÉ,
Nᵒ 7.

COURS

DE

Langue Latine

EN 60 LEÇONS.

IMPRIMERIE DE POUSS

RUE DE LA ...

9 782013 254434